Círculo Rojo
EDITORIAL

El mundo está en tus manos

El mundo está en tus manos

Nifer letters

Círculo Rojo
EDITORIAL

Primera edición: septiembre 2025

Depósito legal: AL 6039—2025
ISBN: 979—13—7023—290—0
Impresión y producción: Editorial Círculo Rojo

© Del texto: Nifer letters
© Maquetación y diseño: Equipo de Editorial Círculo Rojo

Editorial Círculo Rojo

www.editorialcirculorojo.com

info@editorialcirculorojo.com

Impreso en España — Printed in Spain

Para quienes se pasan la vida deseando
Hacer en vez de haciendo.
Para quienes sufren en silencio.
Para ti, que te sientes solo rodeado de gente.
Este libro es un pedacito de mi vida para vosotros.
Espero que estas páginas
os hagan reflexionar
De la misma forma
que me hizo a mi cuando lo escribí.
Con cariño, Jennifer

Prólogo:

Probablemente, en las siguientes páginas haré que te sientas identificado con algo en concreto.

Llevo tanto tiempo deseando publicar mi propio libro, que no me creo que ese sueño se hiciera realidad y sobre todo de algo que me rescató en mis peores momentos, la poesía.

Este libro es con el objetivo de salvar mi vida principalmente pero si salvo la vuestra, mi labor habrá tenido éxito.

No busco impresionar, si lo que pretendías era eso, en este mundo donde millones de personas hacen las cosas con el objetivo de quedar bien en la sociedad, esa no es mi intención, si no escribir lo que, con tantas lágrimas y amor he sacado adelante, lo que significa miles de noches sin dormir, con insomnio y ansiedad.

El libro que estás sujetando en tus manos habla sobre lo que tú, yo y todos sentimos o pensamos, pero que a veces nos callamos por miedo a no ser escuchados ni aceptados.

La vida nos va poniendo obstáculos, a veces difíciles de superar pero te darás cuenta de que valen la pena.

Cuando esa tormenta pase y salga el sol, mirarás hacia el pasado con orgullo diciendo, fue difícil pero lo logré y ahora estoy en mi mejor momento.

Así como hay malas rachas las hay buenas, pero nunca te sueles acordar de ese día que fuiste al concierto de tu cantante favorito, disfrutaste esa comida familiar o ese viaje que siempre dices que lo repetirías.

Este libro es un giro de 180°, de refugiarte en el para olvidar la vida que te rodea y agradecer que tienes esa vida que a muchos les gustaría, un techo, un plato de comida y unas personitas que te admiran (yo me incluyo y te abrazo desde la distancia).

La vida tampoco es color de rosa los 365 días del año (tampoco te esperes un libro Mr wonderfull).

Piensa, en que hay muchas personas llorando en la cama de un hospital porque quien le dio la vida, ahora está perdiendo la suya, pero hace 2 meses lloraba porque su novio le había dejado.

Yo ya me despido porque esto solo ha sido el inicio a este libro, tú libro, el mío y el de todos.

Espero te guste y me acompañes virtualmente a los años más duros de mi vida.

FIRMADO, LA AUTORA: Jennifer

Capítulo 1:
¿Quién soy?

Soy las canciones que escuchas a todo pulmón.

Soy ese abrazo por la espalda sin esperártelo.

Un beso en el cuello.

Soy ese texto especial que te hicieron a las 2 de la mañana y lo leíste recién levantada.

Soy la sonrisa que causo en quienes me rodean y me quieren.

Soy las lágrimas que derramo cuando la vida se tuerce, pero también soy esa sonrisa que te sale cuando sabes que después de tanto sufrimiento a solas por fin consigues ser feliz.

Soy esos libros que me marcaron, las poesías que me inspiraron y las canciones que me enamoraron.

Soy ese mensaje que nunca llegué a enviar, esos gritos que me callé y solté en silencio.

Soy esa a la que le rompieron el corazón sin haber tenido nada serio, a la que le hicieron bullying en los años más importantes de su vida y aún lo sigue recordando.

Soy esa que a día de hoy está enamorada de ella misma y se valora después de haberse infravalorado días enteros y diciendo, ¿Quién soy? Una persona penosa.

Soy esa que algún día alguien apagó pero la volvieron a ver brillar porque no, nadie se muere por amor.

Si hoy estoy aquí, con una sonrisa de oreja a oreja frente este folio en blanco, es por esos días en que por mi cabeza solo pasaban sentimientos extraños y prometí hacerlo por ella, por esa Jennifer a la que dejaron sola, por esa Jennifer que se tuvo que levantar ella sin ninguna mano que le ayudara, cuando nadie apostaba por esa pequeña pero seguía demostrando que algún día, sería profesora de educación infantil, sacaría un libro y sería feliz.

Soy esa persona capaz de llorar con una poesía que ella misma escribió.

¿Quién eres tú? ¿Eres feliz? ¿Te quieres? ¿Te valoras?

Soy esa persona que no conoces pero jamás olvidarás.

Capítulo 2:
El paso de los años

Cuando tenía 6 años quería ser mayor, encontrar a mi príncipe azul, cumplir los 18, salir de fiesta, vivir en Sevilla. Al cumplir los 8, ya empezaba a extrañar los 4 años, extrañaba esa época en donde veía unicornios donde no era más que un caballo, no me importaban los aprobados y vivía rodeada de abrazos, besos y regalos.

Con 10 años ya me creía una adulta, quería que me preguntaran por mi edad y poder enseñar las dos manos.

En la adolescencia juraba que un beso en la boca nunca daría, "que asco" pensaba, lo único que me gustaba era que mi edad tenía 2 dígitos.

Llegué a los 12, quería ser como las chicas mayores, maquillarme, irme de casa, empezar a trabajar...

Sin saber que el paso de los años era evidente y que pronto extrañaría esa inocencia que a mis 5 años tenía, como cuando le decía a mi madre que tenía 8 novios invisibles.

Los 16 llegaron y es que después del COVID todo iba sobre ruedas, pasé de tener 14 a tener 16 sin comerlo ni beberlo.

Ahí empecé a obsesionarme con los kg, a besar mis cicatrices y empecé a dejar de ver bonito lo de cumplir años.

Llegó la edad que con 6 deseaba tener, los 18, pero como cambiaron las cosas, recuerdo llorar cuando dieron las 12 y era oficialmente mayor de edad.

Di mi primer beso, experimenté esa sensación de tener pareja sin tenerla, me engañaron sin ser nada, me obsesioné aún más con los kg y seguía sin entender la diferencia entre querer y amar.

Hoy tengo 20 años, no quiero seguir creciendo, celebrar mis cumples ya no es tan divertido, sigo sin sacarme el carnet de conducir, sin encontrar a mi príncipe azul, a penas salgo de fiesta y disfruto más quedándome un sábado a la noche en mi casa, leyendo un buen libro y escribiendo.

Lo siento, supongo que le fallé a mi generación, pero debo admitir que me da exactamente igual, porque estoy donde siempre quise estar... menos en Sevilla... tampoco me dan asco los besos en la boca...

Hay bueno, por lo menos ya soy feliz y estoy logrando cosas que si se lo dicen a mi yo de 6 años, se desmayaría.

No tengas prisa por crecer, tarde o temprano llegarás a adulto pero jamás volverás a ser un niño.

Capítulo 3:
VIVA ESPAÑA!!!

Viva España, porque evidentemente es el mejor país del mundo.

Viva España y su gente, el país que con sus más y sus menos tiene a las personas más amables, simpáticas y trabajadoras del mundo, el país en el que mejor se come, se bebe y se vive.

Viva el euskera, el valenciano, el andaluz y evidentemente el idioma que me vio nacer y me verá morir, el gallego.

Viva España, junto a su gazpacho andaluz, la horchata, el cocido madrileño, la fabada asturiana/gallega, el pulpo o el salmorejo.

Viva España y los que resistieron a la dictadura franquista, el fascismo o esas mujeres que han perdido su vida, con el objetivo de que las que vienen detrás (como yo) pudieran votar o elegir un oficio que antes no te dejaban ejercer.

Viva España, viva los españoles que se levantan a las 5 de la mañana y se parten el lombo a trabajar, quienes a las 6 abren la persiana de su bar, con tal de tener algo que llevar a la boca a fin de mes.

Viva España y sus artistas, los que fallecieron o los que siguen dando guerra como:

Juan Pardo, Nino Bravo, Pablo Chiapella, Ana Kiro, Rosalía de Castro, Paco Martínez Soria. Viva las series, programas de televisión y películas españolas: la que se avecina, Gym Tony, Land Rober, Pasapalabra, padre no hay más que uno, aquí no hay quien viva, viva nuestros escritores, los que me hacen vivir más vidas que la mía:

Javier Castillo, Pablo Neruda, Federico Moccia, Emilia Pardo Bazán, Camilo José Cela y sobre todo que vivan nuestras fiestas: Las fiestas del pueblo, la fiesta del albariño, las de verano, las verbenas gallegas o la feria de Sevilla, Málaga o Albacete.

Viva nuestro cafecito por la mañana o después de comer, y que vivan esas personas que se han tenido que ir a trabajar a otros países porque en España no había nada de lo suyo o no llegaban a fin de mes.

CABE RECALCAR QUE DEJO FUERA DE MI: VIVA ESPAÑA A

Aquellos que disfrutan maltratando a otras personas, haciendo bullying, los que maltratan a los animales o a quienes acosan y controlan a sus parejas.

Quienes disfrutan, en pleno siglo XXI, asesinando toros en plazas porque creen que eso es una tradición.

A esas personas que solo piensan en si mismos y no tienen empatía por quienes le rodean.

Dejo fuera también a los machistas, racistas u homófobos, quienes llaman maricones a los gays o travestis a los transexuales, aquellos que dicen, "que asco", cuando ven a dos mujeres/ hombres en la televisión o en la calle besándose.

Obvio, también te dejo fuera si naciste en España, te mudaste y ahora echas pestes contra este gran país, pero eso si, vienes todos los veranos y/o navidades a disfrutar de nuestras instalaciones y sanidad pública.

Adiós a quien dice:

"Si Franco estuviera vivo otro gallo cantaría" o "Viva Franco" y aún sigue levantando el brazo.

Porque amar España también significa amar su diversidad, entender que la vida evoluciona.

Amar España también significa ayudarnos mutuamente,

queriendo que todos estén bien y quieran formar parte de este país que conmueve banderas, fronteras y el corazón de personas, más allá de donde sean.

Porque alguien que ama España no puede considerar a alguien mal español por no pensar igual que él.

Por eso, hoy y siempre, me siento tan afortunada de formar parte de mi querida España, por eso digo bien alto, por mi gente riquiña

VIVA ESPAÑA!!!

Capítulo 4:
Así soy yo

Soy una mala novia, muy mala escritora, mala hija pero peor persona.

Soy un desastre pero intento mejorar cada día de mi vida, con el objetivo de sentirme orgullosa de mi.

A veces siento que no encajo en esta sociedad llena de cánones llamados "perfección", porque solo cuando estoy sola, me siento yo.

Me cuesta abrirme, expresarme, porque cuando lo hago, suelen romperme.

Soy una persona que le tiene miedo a la noche, que odia salir de fiesta (quizás por eso es que a casi nadie le caigo bien).

Soy una guerrera con cicatrices de las cuales me siento orgullosa, porque son parte de lo que fui, lo que soy y lo que algún día seré.

No sé que me depara el futuro pero hoy estoy aquí, intentando sobrevivir y debo sentirme orgullosa de ello, hay gente que tristemente no puede decir lo mismo y le hubiese gustado.

Soy muy buena guardando secretos (o eso me dicen y quiero creer)

Soy muy amiga de mis amigas pero muy enemiga de mis enemigos.

Mi alma es un refugio de miedos y dudas.

Odio a las personas doble cara.

Tengo poca paciencia con el mundo pero demasiada paciencia con los bebés.

Soy insegura y desconfiada, por lo que si me abro mucho contigo, disfrútalo y no me falles o conseguirás que no vuelva a abrirme con nadie.

No soy perfecta, pero descubrí que soy imperfectamente perfecta, auténtica, mi mejor amiga, la mejor versión de mi misma.

Me duele el pasado, pero intento sanar en el presente, para que en el futuro yo esté orgullosa de mi y poder ser el ejemplo de superación perfecto para contarle a mis hijos.

Tengo crisis de ansiedad, cefaleas, antropofobia, astigmatismo, musofobia, me agobio en espacios donde hay mucha gente o ruido, no me gustan los gritos y tengo miedo a la muerte.

Adoro viajar pero pocas veces lo hice.

Me han roto varias veces el corazón, sobre todo personas que se hacían llamar amigas y dejé de llamarlas, a secas.

Tengo miedo a conducir desde pequeña, eso si, lo primero que le dije a mi madre al cumplir los 18 fue:

¿Puedo sacarme el carnet? Aún así, me cuesta dar ese paso.

Me cuesta expresarme, soltar mis sentimientos, ya que cuando lo hice, me rompieron en mil pedazos.

Si un día me notas apagada es porque intentaron hundirme pero, no lo consiguieron.

Amo a Subze por encima de todo, es mi cantante favorito y por quien la poesía se volvió mi sitio seguro, pero a veces me da miedo decirle a la gente que lo es, porque un día lo hice y se metieron conmigo y con él, 2 meses, sin a penas conocerle, porque de seguro que si lo hacen, cambian rápido de idea,y solo quien tiene ese privilegio de haber compartido risas con él, lo sabe.

Soy muy negativa, mira que me esfuerzo pero no hay manera.

Suelo ser de escuchar a otros, porque una vez quise ser escuchada y me quedé ahí, hablando sola.

Lloré por horas en las noches.

Vi como se alejó de mi quien dijo que jamás lo haría.

Entendí el valor de extrañar a alguien cuando perdí a mi persona favorita entre lágrimas y diciéndome que se iría pronto.

No nací así, me fueron haciendo así.

Capítulo 5:
Carta a mi hijo/a del futuro

Me gusta mucho mi forma de pensar y de actuar, pero no quiero que pienses o que actúes como yo.

Quiero que crezcas libre, de todas las formas posibles, que pienses, que te equivoques, que ames o que opines lo que creas conveniente y yo, siempre te escucharé y si es con respeto y educación, te voy a defender y apoyar hasta mi último suspiro.

Debo decirte que yo soy cristiana desde que nací, pero respetaré si tu eres atea, musulmana o simplemente decides no opinar nada al respecto.

Porque yo soy hetero, pero estaré súper orgullosa de ti peque, si un día llegas y me dices: "mamá, soy lesbiana", eso si criatura, ames a quien ames, hazlo con el respeto y los valores que un día tus papis te transmitieron.

Jamás le pongas una mano encima a nadie.

A mi siempre me gustó el fútbol e hice judo 1 año pero tú, puedes practicar el deporte que prefieras o la extra escolar que te haga feliz, eso no te hará ser mejor ni peor persona.

Yo hago textos con olor y sabor a poesía, pero te lo juro que estaré súper orgullosa de la niña o el niño en que te vas a convertir y si esto no te gusta, no te preocupes, respetaré tus decisiones, te animaré a cumplir cada sueño que tengas, porque solo vivimos 1 vez y se nos olvida bastante a menudo.

Pero también es cierto que hay algunos valores que no son tolerables ni discutibles, así como el respeto por el medio ambiente, los animales, respeto por el prójimo, las obligaciones humanas, el maltrato y que si llevaras a cabo alguna de ellas, me harías la persona más infeliz del mundo.

Cuando crezcas y prefieras estar con tus amigos, no te olvides de que soy tu madre, cuando me grites o tenga que echarte la bronca, seguiré siendo tu madre, cuando pienses que sabes más que yo, seguiré siendo tu madre, cuando tropieces o cuando te esté yendo mal en la escuela, aquí seguiré siendo tu madre y prometo intentar hacerte la más feliz, sea la situación que sea y lo siento si te hago llorar, gritar o pasarlo mal por no saber elegir bien tu destino final.

No sé si serás un hermoso príncipe o una princesita, lo que si quiero es que vengas sano, con ganas de pelear por estar a mi lado y hacer feliz a quienes te rodean.

Sobre todo, espero que jamás tengas que avergonzarte de mi, de tu padre, tus hermanos, abuelos… y quieras estar siempre cerca de nosotros, como nosotros querremos estar a tu lado.

Presiento que no sabré dar tu primer biberón ni cambiar tu primer pañal, pero tengo claro, que lo voy a intentar hacer lo mejor que sé, como a mi me educaron.

Cuando des tus primeros pasos o digas tu primera palabra, yo estaré ahí, mientras se me caerá la baba al ver en lo que poco a poco te convertirás.

La vida es demasiado corta como para desaprovecharla siendo infeliz o llorando por alguien que sabes que no es para ti, porque lo que es para ti ni aunque te quites y lo que no, ni aunque te pongas.

Solo te pido una cosa, quiero ser tu mejor amiga, tu confidente, esa persona a la que le puedes contar lo que quieras, porque sabes que pase lo que pase jamás saldrá de ahí y siempre te aconsejaré lo mejor para ti.

Te quiero ya sin conocerte tesoro y prometo que lo primero que haré cuando nazcas será leerte esta poesía.

Aquí te esperaremos con los brazos abiertos para darte la vida que te mereces, no una de Disney, si no una que recuerdes cuando tengas a tus propios hijos.

Capítulo 6:
Los libros

Dicen que aquel que lee vive mil vidas antes de morir, pero aquel que no lo hace solo puede disfrutar una, la suya.

Gracias mamá, gracias por ser tú quien me regaló mi primer libro con 5 años, en vez de un móvil.

Gracias profe Chus, por enseñarme el sentido de las palabras, lo bonito de tener una estantería llena desde los 5, así con 70 podré decir que he vivido una vida larguísima.

Es cierto que nunca me dijeron que dejaría de creer en el amor, que me romperían el corazón y mucho menos que me enamoraría de cada personaje "ideal" de cada libro que leo.

Tengo la tele apagada y la estantería llena.

Hay cientos de problemas en la vida con solo 2 soluciones:

La poesía y los libros.

"no me importa lo que leas pero lee", fueron las palabras textuales que hace mucho mi madre me dijo, hoy en día se queja porque sigo comprando más libros teniendo 80 sin leer.

Lee, hazlo por aquellos que murieron con un libro en la mano.

Hazlo por quienes vivieron mil vidas antes de partir.

Pero sobre todo hazlo, por personas que como yo, tienen una ilusión, que algún día puedan vivir de esto, no lo hagas por Lola Lolita, no, a ella quítale el móvil y regálale uno con más de 200 páginas.

Capítulo 7:
la historia de una niña inocente

Me gustaría estar en tu pecho, tumbada bajo las estrellas, pero no creo que te fijes en alguien como yo, cargada de inseguridades, con ansiedad, sin nadie que me escuche ni me de un abrazo cuando más lo he necesitado, sintiéndome sola rodeada de gente y refugiándome en la poesía antes que en una persona.

Recuerdo cuando con solo 5 años me hacían migas y nadie se quería poner a mi lado ni darme la mano porque les daba asco.

Ojalá pudiera reiniciar el cerebro de aquella niña inocente y sin inseguridades, que tuvo que aguantar, durante más de 6 años, el acoso de personas frías y sin sentimientos, sin atrever a decírselo a nadie por miedo a no ser escuchada.

En clase me decían que pusiera la antena para poder entender y aprobar pero yo solo pesaba en mi funeral con solo 7 años.

Me utilizaron y reciclaron, jugaron conmigo como si de un juguete se tratase, sin haber entendido aún el significado de amar y ser correspondida de la misma forma.

Que fácil es ser "nifer letters" y que difícil es ser "Jennifer".

A la primera le hablan desconocidos y a la segunda no le habla ni su familia.

Para nifer letters, su fuente de desahogo es escribiendo poesía y escuchando a Subze o Beret.

Para Jennifer quizás mejor no lo digo.

No sabes cuanto pagaría por tener otra vez 3 años, inocencia, abrazos, muñecas, chucherías, besos.

Cuantas veces he dicho "lo siento" sin sentirlo, cuantas veces dije "si" cuando quería decir no y "no" por si el si estaba mal.

Siempre pensando en los demás y me olvidé de que yo también existía.

La edad me enseño a no confiar tanto en la gente, ni siquiera en mi propia sombra.

Queremos más hechos que palabras.

Ayudo a todo el mundo pero ¿Quién me ayuda a mi?

Fui esa niña de clase marginada, a la que siempre escogían de última opción en los equipos de clase, esa a la que siempre dejaban de lado en todas partes.

Esta, es la historia de una niña inocente, que salió perjudicada de por vida.

No te olvides de que, tus actos serán el reflejo de tus hijos el día de mañana.

Que un simple "come más" o ""no comas tanto", le puede arruinar a una niña por el resto de su vida.

Capítulo 8:
A cada cosa por su nombre

Nacer es crecer.

Estar contigo es como estar en un hotel de 5 estrellas.

Los hombres también lloran.

No todos los hombres son iguales, no todos mienten ni todos te rompen el corazón.

Ni todas las mujeres somos unas rameras.

Las mujeres no solo sirven para hacer las tareas domésticas.

Ser valiente es saber caerse y levantarse.

Ser sabio es aprender de los errores.

Ser feliz es encontrar la Paz en medio del caos.

Aquellos que matan a otros, no se pueden considerar personas.

Matar animales no es cultura.

Leer es vivir.

Vivir es viajar.

El fascista no lee.

El machista no sabe lo que es la vida.

El racista es un infeliz con su vida.

El mundo es para los valientes que se atreven a vivirla.

El amor es la sensación más especial del mundo.

La ignorancia es una enfermedad que se cura con la educación.

La empatía es la clave de la vida para conseguir entender el significado de ella y poder entender al prójimo.

La compasión es el puente entre el dolor y la sanación.

Equivocarse te enseña lecciones.

Volver a equivocarse es de valientes.

Equivocarse una tercera vez es de idiotas.

La vida es un lienzo en blanco que se va pintando de colores a medida que uno va creciendo.

La muerte es un recordatorio de aprovechar cada momento porque es único.

El respeto es la base de cualquier relación.

La honestidad es la mejor ideología política.

Como te quiere una madre, jamás te van a querer y todo lo que te dice es por tu bien.

La integridad es la columna vertebral de la dignidad.

Cada uno tiene su religión, su equipo de fútbol favorito (aunque si no te gusta el celta no estás preparado para esta conversación), sus gustos, creencias y no eres peor por opinar diferente a la sociedad.

Estudiar te abre muchas puertas de la vida, en general.

La vida es una carrera de obstáculo tras obstáculo.

La poesía es un sentimiento tan profundo que solo quien tiene el privilegio de calmarse al escribirla, sabe de lo que hablo.

A cada cosa por su nombre, tú eres mi fuerza en mis batallas y todo lo que nunca busqué pero siempre necesité cuando menos buscaba.

Capítulo 9:
el susurro del reflejo

Al caer la tarde, mientras me fijé en ese atardecer magnífico, anaranjado,

Te vi ahí quieta, una figura alargada, con penumbra, tristeza y aislada de todos.

Eres el reflejo que nunca pregunté de donde venía pero siempre observé.

Un reflejo que nunca me abandona y permanece a mi lado cuando, al mirar a un lado y a otro no veo a nadie ahí, a mi vera.

¿Quién eres, sombra muda, qué bailas al compás de mis pasos?

Eres la carga de mis días y la que me hace dudar de que 1+1 sean 2.

Eres el eco de mis dudas, mi mejor y a veces la peor versión de mi misma.

¿Porqué me persigues si lo que quiero es olvidarte?

Te pregunté un día tímidamente,

¿Quién eres tú, figura del silencio?

—Soy todo lo que callas, todo lo que temes ser.

Capítulo 10:
¿Estás a tiempo?

Y siempre me he preguntado hasta que momento estoy a tiempo de hacer algo.

Hasta cuando estaré a tiempo de irme lejos de mi casa, estudiar eso que siempre quise, tocar ese instrumento, aprender a dibujar o publicar mi libro.

¿Estoy a tiempo de empezar de nuevo cuando sé que ahí no soy feliz?

La vida es eso, o eso es lo que siempre me han tratado de enseñar pero nadie nunca se lo ha aplicado.

La vida consiste en arriesgarse, fracasar y volver a empezar, rendirse nunca forma parte de este proceso, solo es parte del fracaso.

Y si, a veces te romperás, llorarás, gritarás y luego, a veces te arrepentirás, tarde o temprano, te darás cuenta de que tengo razón, mirarás hacia el pasado con dudas, nostalgia o miedo, pero la vida no espera y lo único que caduca es el miedo a arriesgarse.

Atrévete a vivir, atrévete a fallar, caerte y levantarte más fuerte que nunca pero sobre todo, atrévete a soñar con lo que soñabas cuando la nostalgia te cubría, cuando los miedos te azotaban, cuando los años parecían que para ti no pasaban.

Atrévete a ser todo lo que un día soñaste.

Capítulo 11:
Amor propio

Me busqué en los ojos de otras personas y no me encontré, escuché lo que decían de mi, pero nada sonaba real. Pensaba continuamente.

Así que empecé a decir mi nombre despacio, como si fuera nuevo, como si a penas lo acabara de descubrir.

Sabía que no me quería, que me odiaba a mi misma, que todo lo que pasaba a mi alrededor era ajeno a mi, a mis pensamientos.

Me di cuenta de que no me faltaba nada, solo tenía espacio para llenarlo con lo que soy.

Nunca me di cuenta de que lo tenía todo, aún cuando mi corazón se sentía solo y roto, no era consciente de que aún en esos momentos era perfecta en los ojos correctos, los míos y los de quien de verdad me quiere.

Que si yo no me quería nadie lo podría hacer.

Mis manos, que antes buscaban aferrarse a algo, ahora entienden que no hace falta sujetar lo que ya está dentro.

Camino tranquila, ya no tengo prisa, porque por fin sé que estoy donde debo estar.

Y si nadie me ve brillar, no importa, he aprendido a ser luz para mi misma.

A veces me caigo, a veces florezco, pero siempre estoy creciendo.

Y eso es suficiente.

Me di cuenta de que no estaba rota, solo tenía huecos que poco a poco se iban llenando de amor, el amor propio que un día no me di, un día me fallé, un día me rompí, el amor propio que me faltó.

Aprendí a quererme, me costó pero lo conseguí, aprendí a mirarme al espejo y a aceptarme tal y como era, dejando así de juzgarme por mis imperfecciones que también me hacen ser perfecta.

A veces aún me cuesta, lo reconozco, pero avanzo poco a poco y con eso me basta, me di cuenta de que lo tengo todo para ser feliz.

Capítulo 12:
Las dos caras de la vida

—Miguel se crió en París.

Samuel se crió en un pueblo alejado de la civilización.

—Miguel no sabe lo que es ser un camello.

Samuel es el camello.

—Miguel fue a la universidad más cara de todo París, gracias al dinero de sus papis.

Samuel no pasó de Primaria, decidió meterse a trabajar, con el objetivo de poder ser algo en la vida.

—A día de hoy, Miguel lleva 2 años siendo su propio jefe y aunque es algo duro y exclavo, nunca baja de los 2.000€ a fin de mes.

—En cambio Samuel, lleva 10 años en la empresa familiar, trabajando por 600€ mensuales y sin seguro.

—Miguel recibía regalos en Navidad, reyes magos, su cumple y por sacar buenas notas en el colegio, le regalaban el móvil o la tablet de última generación.

Para Samuel, si aprobaba le daban la enhorabuena como mucho y así aprendió que no necesitas un regalo, a cambio de sacar buenas notas, por eso, a diferencia de Miguel, tiene empatía por los más desfavorecidos y le da lo que él no tiene.

—Miguel siempre fue el popular del instituto.

Samuel sufrió bullying durante su período en primaria.

Y esta, tristemente es la realidad de la vida, si no vas a la moda, no tienes un iPhone y no vistes de marca ya eres un marginado y te amargan la existencia.

Enséñale a tus hijos el sentido de las cosas, del dinero, de lograr sueños aunque a veces sea sin un beneficio.

Enséñales que no hay que obtener un premio por hacer sus obligaciones como las tareas del hogar, aprobar cada examen o de ayudar al prójimo.

Capítulo 13:
Mamá, me cansé

Mamá, me cansé de intentar enamorar a todo el mundo, menos a mi misma.

Me harté de llevar una máscara de felicidad, fingiendo que todo está bien, cuando estoy rota por dentro.

Me harté de fingir ser alguien que se perfectamente que nunca seré.

Mamá, me cansé de querer volver a ser esa niña de 6 años, que en aquel entonces, desearía tener 20 y ahora, solo deseo volver para atrás.

Me cansé también, de estar encerrada en mi casa, sin un objetivo en la vida y sin ir a cumplir mis sueños.

Mamá, me cansé y por eso, quiero ser yo misma, sin el miedo a ser juzgada por como soy, por como voy vestida o por simplemente preferir quedarme en casa antes que salir de fiesta.

La vida es un laberinto de espejos, en donde me veo reflejada en versiones diferentes.

Me pregunto, ¿Quién soy, qué quiero, hacia dónde voy mamá?

Estoy cansada de ser como otros desearían que fuera, en vez de como a mi me gusta.

Y ya me harté, mamá, hoy voy a ser la voz de esas personas que callan por temor a gritar lo que sienten, seré la voz de esas que salen a la calle como le gusta a la sociedad, en vestido, con tacones, maquillada, no como quizás le gustaría, en chándal, con un moño y sin maquillar.

Me cansé de que siga existiendo gente marginada, gente que bebe por encajar en la sociedad, que fuman porque "si no no tengo amigos, vida social o no soy nadie"

Porque la vida solo es una y dejen que la gente se sienta libre, libre de amar, de fallar, de soñar, de viajar, de experimentar e incluso de salir a la calle aunque sea sin arreglar, si es que así va cómoda, porque yo prefiero fallarle a mi generación, si el objetivo es estar a gusto conmigo misma.

Harta de querer encajar en esta sociedad mamá, por eso yo no voy a ser partícipe de que me rechacen por el simple hecho de no vestir en vestido, si yo me siento cómoda yendo en pantalón vaquero y sin maquillar, eres persona, no un estereotipo.

Y tú, que me estás leyendo, quiero que estés agusto contigo, que seas tú en todo momento, no finjas ser alguien que no eres por nadie ni nada…

Porque somos personas antes que modelos.

Capítulo 14:
Momentos perdidos

El reloj avanza, no se detiene, no espera, va sin compasión, todo es bonito porque crees que la vida nunca se termina,

hasta que, a cada arruga, una lección aprendida, a cada cana, un sueño olvidado.

Mi vida se extiende entre las estaciones y entre estación y estación, ya se termina otro año más.

Ese invierno que algún día fue verano, se encuentra hoy, en el rincón más oscuro de mi mente, donde los recuerdos se congelan.

Soy mi propia confidente, esa persona que ya se olvidó de olvidar.

Miro las huellas en la arena, rastros de una niña que ya no soy.

El viento las borra, como va borrando esas promesas que le hice a la luna cada noche antes de dormir.

Las tardes se alargan, la vida se desvanece y en un abrir y cerrar los ojos ya tienes 80 años, la luz desaparece y el reloj sigue sin tener piedad ni compasión.

Cada tic nuevo es un paso más hacia lo desconocido, un paso más hacia lo que, a día de hoy, aún no se puede ver ni tocar.

El amor, ¿Qué fue del amor? Ese amor a la "antigua", del que me hablaba mi madre cada día, se deshace entre las horas que nunca pasaron pero que tampoco se olvidaron, en las palabras que nunca se pronunciaron.

Los años caen como las hojas de un árbol y pesan como ese árbol, aunque el cuerpo envejece y la piel se arruga, el alma sigue buscando la eternidad de sus cicatrices.

Mañana será otro día, mañana cumpliré todo lo que hoy pospuse y eso llevo diciendo desde que tengo uso de razón.

El reloj siempre fiel sigue su curso y yo, atrapada entre sus manecillas.

Capítulo 15:
El mundo está en tus manos

Hay muchas cosas que no logro entender, tengo 20 años, aún me queda mucho camino por recorrer, muchas caídas que soportar y mucho corazones rotos que reparar.

La generación de hoy en día es diferente a la de ayer, sueños y deseos que nos hacen creer que algunas veces estamos avanzando y otras vamos para atrás.

Los niños de ahora crecen a un ritmo exagerado, diciendo esto parece que tengo 50 años.

Niños de 2 años con un futuro incierto, si le preguntas hoy a esos peques, ¿Qué quieres ser de mayor? Te responderán; tiktoker, influencer, escritora, cantante…

Cuando esa misma pregunta se la hacían a los de mi clase, respondíamos; profesora de educación infantil, veterinaria, médico, bombero. Luego está la ia, eso que se supone que nos mejorará la vida pero acabará destruyendo la existencia de futuros jóvenes emprendedores.

En medio de todo ese descontrol hay que admitir que existe una inocencia precoz.

¿Qué pasó con aquellos niños que se divertían jugando al veo veo o al "Jennifer se ha echo pis en el saco de dormir", en las excursiones de los coles?

¿Qué pasó con quiénes jugaban por horas a la rayuela, las palabras encadenadas, al uno, a las palmas, al escondite inglés ?

Cuando pienso en eso, un sentimiento extraño invade mi inocencia de haber podido disfrutar de esa infancia, aún con la vida que he llevado, agradezco ese día en donde mis padres no me dejaron tener móvil, en ese entonces me enfadaba con ellos, a día de hoy me siento afortunada.

No he crecido con un móvil en las manos, he crecido con un libro, con el choco choco Lala. El mundo ha cambiado y con él también cambiaron esos niños que se olvidaron de reír, de compartir miradas eternas, de saludar aún sin conocer, de pasar la tarde en el parque haciendo amigos nuevos y sin la mirada perdida, un mundo sin prisas y sobre todo, de disfrutar de la naturaleza, de los pajaritos piando o de tu abuela cantando en fin de año.

Nos estamos olvidando de vivir cuando debería de ser nuestro único objetivo.

Todo eso se ha reemplazado por pantallas entre las típicas excusas de:

"Cuando seas madre lo entenderás" o "así podemos comer tranquilos".

Todavía veo esperanzas de que este mundo se pueda cambiar porque, repite conmigo, "EL MUNDO ESTÁ EN MIS MANOS", tú debes decidir si el día de mañana quieres una hija médica o influencer, si prefieres un hijo estudioso por su propio esfuerzo o que todo se lo pregunte a CHATGPT.

Cada acción tiene su consecuencia y cada decisión una toma de reflexión, de pensar si estamos haciendo todo lo que a nuestros padres les hubiese gustado, si estamos creando niños burbuja o niños que quieran comerse el mundo, su mundo.

Quédate con el olor a gasolina, al césped recién cortado, a esos abrazos que curan el alma, a esas charlas interminables con los más mayores y no con el olor a soledad, al vacío, al miedo a no arriesgarse o al olor a un móvil.

El mundo puede cambiar pero todo está en las manos de quienes vienen detrás, de aquellos a los que me toca a mi educar y ser el mejor ejemplo para ellos, como a mi me educaron es como a mi me gustaría educar a mis hijos y a mis futuros alumnos, con el amor que solo a quien de verdad le importas, es capaz de transmitir.

Capítulo 16:
STOP BULLYING

Recuerdo aquel día como si fuera hoy, ese día en donde la vida de una niña de tan solo 5 años se desvanecía y no sería por poco tiempo, lo que ella no sabía es que se acordaría del bullying que sufrió toda su vida.

Me he sentido sola, despreciada, inferior y aislada, por personas que no me dejaban ser quien quería ser.

He vivido un infierno que evidentemente no le deseo ni a esas personas que me lo hicieron vivir a mi durante años, y que si mi historia, lo que yo pasé y sufrí en silencio es la voz de otras personas, que tristemente siguen viviendo eso, solo deseo que sea la última situación similar, que mis vivencias y las de esos niños que se han quitado la vida por el bullying que sufrían, sirve de punto y final, me alegraría hasta de haber sido yo la que lo he sufrido y no tú, ni mis hijos.

Recuerdo esos días en donde nadie sabía lo mal que lo estaba pasando, porque cuando se lo conté a mi supuesta profesora de confianza, aún me decía que era yo, yo quien insultaba, quien pegaba, quien le bajaba los pantalones a los demás niños, ¿Cómo iba a ser capaz de decírselo a mi familia?

Recuerdo cuando no quería ir a clases, me escondía tras una sonrisa diciendo:

"tengo muchas ganas de ir".

Recuerdo llegar a clases sin que nadie me viera y esperar a que tocase el timbre en el baño, para no ser la burla de nadie o pasar el recreo jugando conmigo misma.

Me llamaban nombres, me señalaban con sus dedos, palabras que dolían más que golpes.

Piedras y erizos tuve que soportar que me tiraran.

He estado muda por el miedo a no ser escuchada.

La risa de mis compañeros cuando abría la boca al responder una pregunta de clase, un eco en mi mente, lo que hizo que mis notas fueran pésimas.

Me sentía sola, aislada, transparente.

Un capítulo difícil de contar, de asimilar y de que tras más de 10 años de aquella situación, sea imposible de olvidar.

El miedo a volver cada semana a esas cuatro paredes, recorría mi cuerpo, el saber que a cada sitio al que iba, unos dedos desconocidos me señalarían.

Pero nadie veía mi dolor, nadie me oía gritar en silencio, llorar sin querer preocupar a quien si lo hacía, nadie se daba cuenta de lo que arrastraba, algo que después de tanto tiempo, esas voces, esas situaciones me siguen acompañando y pasan por mi mente.

Hoy miro hacia atrás y veo a la niña que fui en aquel entonces, le veo triste, apagada, aislada y consumida, veo también en lo que me convertí, que tardé pero lo conseguí.

Me siento afortunada por haber salido adelante, por no haberme rendido aunque a veces mi corazón y mi vida pedían un grito de AUXILIO!!

Que nadie escuchaba, porque lo que esa gente quiere es eso, destrozarte en silencio.

Sufrir bullying durante tanto tiempo me ayudó a saber que es lo que quiero y que no, no dejar que nadie me pisoteara y saber decir, hasta aquí, fallar, caerme y levantarme más fuerte que nunca.

"No estás sola" me repetía en mi cabeza, hay gente sufriendo como tú e incluso peor, juntas podremos encontrar la Paz que necesitamos y la fuerza para sanar, me repetía diariamente.

Podemos hablar, gritar, llorar pero solo así sabrás que esa Paz empieza en ti.

Hay días en que el dolor aún regresa, como si esa situación la siguiera viviendo, esos "que gorda estás" o "que sonrisa más fea tienes", solo fue sinónimo de que una niña de 8 años, se tapase la boca al reírse a carcajadas o de tapar mi barriga para no tener que volver a escuchar eso.

Me recuerdo diariamente a mi misma, en mis peores momentos, que si a esa corta edad he podido superar eso sola, soy capaz de superar cada obstáculo que atormente mi inocencia.

La cicatriz sigue ahí, lo reconozco, pero ya no duele tanto porque soy fuerte, es como un tatuaje sin tinta, algo que jamás olvidaré.

Ojalá mi historia fuese la última, no estás solo y tienes todo lo que a mucha gente le gustaría.

Ojalá haber sido capaz de haberle contado eso antes a mi madre, no hubiese sufrido tanto, no lo permitiría pero a veces una, tampoco quiere ver, como la persona más importante de su vida sufre en silencio, sin saber ni que hacer para evitar esa situación.

Eres más fuerte de lo que crees.

Capítulo 17:
Hay días que aún me recuerdan a ti

Hay domingos que aún me recuerdan a salir de la misa, ir a tu casa, oler ese chocolate recién echo que solo tú me preparabas porque sabías que era mi momento favorito.

Hay días que huelen a "que no se entere tu madre".

Hay días que huelen aún a tu casa, al aroma que me recordaba que ya era verano.

Hay días en los que aún me recuerdan a quedarme a dormir en tu casa, ir contigo a dar un paseo y al regresar, correr rápido para la casacon las llaves, dejándote a ti detrás a tu ritmo para que cuando tú llegaras tocaras el timbre, para yo abrirte como si fuera mi casa y tú vinieras de visita porque sabías que me gustaba esa situación.

Aún me huele a esos días jugando contigo a profesoras, a conductora de autobús y tú acompañante de los niños, abuela, nunca te cansabas de ello, huele a esos paseos eternos, con charlas que tanto añoro.

Hay días que aún me huelen a patatas con salchichas que me hacías cuando tú niña se quedaba a dormir en tu casa, abuela, jamás lo olvidaré.

Hay días que aún me recuerdan a creatividad, a plastilina, a manley, bocadillos de Nocilla y la comida en la escuela infantil.

Hay días que huelen a Heidy, Sinchán, Pocoyó, Peppa Pig. Hay días que me recuerdan a levantarme pronto en las mañanas para ver Doraemon mientras desayunaba.

Hay días que aún me recuerdan a irte a buscar a tu casa y tú al andar cambiar de pie para caminar con el mismo que yo.

Días que huelen a tardes enteras en la piscina hasta que mis dedos estaban arrugados, antes de que tú llegaras de trabajar.

Hay días que aún escucho niños gritar, odiarme, dejarme de lado, jugar entre ellos Hay días que aún huelen a esas tardes de freestyle conmigo misma, como si de un concierto se tratara.

Hay días que me recuerdan al mejor viaje de mi vida y a la vez el peor.

Hay días que aún me recuerdan a momentos en el autobús jugando a las palmas, esperarte ansiosa a que subieras para ponernos al día.

Hay días que aún me recuerdan a tus rascazos en la puerta para que te abriera, tu manera de marcar territorio y esos besos tuyos que tanto echo de menos, pequeña.

Aún recuerdo ese 5 de Enero, sin poder dormir, porque solo quería despertar al día siguiente y ver si Baltasar se había portado bien.

Hay días que aún me recuerdan a un 6 de Enero, despertándome a las 6 de la mañana, saltando en la cama de mis padres, con el objetivo de poder ir ver que me habían dejado, mientras ellos me echaban la bronca porque aún era muy pronto, pero yo ya no daba dormido.

Hay días que me recuerdan a cosas que marcaron mi esencia, mi vida, mi persona, días que odié y aún me culpo por ello y otros que amé, que siempre recordaré con orgullo.

Hay días que aún me acuerdo, cuando era una niña en el cuerpo de una niña y no una adulta en el cuerpo de una niña.

Hay días que ya no volverán, días que dolerán al recordar, otros que tacho del calendario porque ya he cumplido, por eso me repito en que, aprovechemos cada momento, que en esta vida solo estamos de paso, dejemos huellas imposibles de borrar, tatuajes sin tinta, besos que jamás se olvidarán, viajes que querrás, en unos años repetir pero ya se sentirá diferente.

Capítulo 18:
No quiero seguir creciendo

E n este capítulo voy a confesar una cosa que me atormenta y cada día más.

No quiero seguir creciendo.

Con 20 años, todos me dicen que ya soy una adulta hecha y derecha y para mi eso es más que un insulto, ¿Porqué querría serlo?

Los adultos están locos, siempre con sus cosas serias, preocupados, enojados y sin tiempo para divertirse.

En las noticias se habla de peleas, guerras, maltrato y siempre pero siempre están ocasionada por adultos.

¿Ahora entiendes cuando te digo que están locos?

Lo peor de todo es que nos quieren enseñar a actuar, pensar y ser como ellos, yo no quiero ser una adulta.

Con adultos me refiero a esas personas que ya se olvidaron de reír, de como bailar sin importar lo que opinen los demás, como amar, a aquellas personas que solo están pensando en la marca de ropa que traen puesta, aquellos que solo quieren ser populares porque creen que eso es mejor que ser una buena persona, aquellas personas que solo piensan, yo, yo, yo y después, otra vez yo, aquellos que se pasan el día entero hablando siempre mal de los demás pero que después a la cara nada.

Ya sé, ya sé a veces los niños también nos comportamos como adultos, tristemente conozco a muchos niños que por dentro son adultos, pero

¿Sabes qué? También conozco a muchos adultos que son los más grandes niños.

¿Qué pasó con la importancia de simplemente ser feliz?

Señores, enseñarnos que soñar es maravilloso, que la vida es una mierda muy valiosa, que tristemente es muy corta,

¿Porqué solo están concentrados en cosas serias?

En política, deportes, guerras, maltrato, noticias

El mundo está dormido y nosotros, nosotros los niños, ya seamos grandes o pequeños, aún podemos hacer algo para despertarlo, porque el mundo está en tus manos, por las generaciones que vendrán y el mundo que quedará.

O es que acaso te estás convirtiendo en adulto?

¿Hace cuánto no das vueltas en la hierba sin importar de si te manchas o no, hace cuánto no vas a bailar bajo la lluvia, hace cuánto no te quedas observando la naturaleza y a los animales,

O viendo las estrellas.

Hace cuánto no te quedas en silencio contemplando a alguien que amas?

La niñez también se puede contagiar, ¿sabías?

Ser niño no solo significa diversión.

Significa soñar, lograr, reír, experimentar, bailar y a veces hasta lograr, pero para eso te tienes que esforzar, porque nada viene sin esfuerzo.

Yo alguna vez tuve un sueño que hoy estás sujetando con tus manos, y de seguro estás leyéndolo con alguna lágrima corriendo por tu cara.

Ser niño también significa defender tus ideas, que nadie te haga ser diferente a como tú quieres ser, porque tú eres perfecto tal y como eres.

Que olvides lo que no te conviene.

Si cometes un error pedir perdón de corazón y seguir adelante desde 0, no cometas los mismos errores.

Disfruta de tus padres, hermanos, abuelos, amigos..

Hacer muchos pero muchos amigos.

Ser niño no solo significa tener miedo, todos tenemos miedo a algo pero lo importante es com gestionas ese miedo.

Ser niño significa seguir asombrándose del mundo, reír hasta que te duela la barriga, jugar con tus seres queridos a los juegos de mesa que más te gustan, cantar a todo volumen, contar mas chistes.

A veces se gana y a veces se pierde.

El mundo necesita más amigos, más risas, más amor y menos desamor.

Amor del bueno, del incondicional.

Yo quiero seguir siendo niña en el cuerpo de una chica mayor, quiero contagiar a todos de alegría, que todo el mundo quiera ser un niño, se tú el ejemplo que el mundo necesita, juntos podemos hacer que esas cosas sucedan.

Dejemos de ser adultos y llenemos el mundo de nuestra niñez.

Capítulo 19:
La poesía, mi salvación

Desde que descubrí la poesía, me pasé noches enteras escribiendo, tardes de reflexionar delante del folio en blanco.

Hay poesías de amor que escribo cuando estoy enamorada, ilusionada o pillada.

Pero hay distintos tipos de amor; está el amor a tu pareja, a tu mascota, el amor a la naturaleza, a tu familia o incluso a ti misma, en mi caso también el amor a la poesía, a los libros o a la música.

La persona que esté conmigo debe saber que será mi inspiración diaria, que me pasaré los días metida en mi habitación solo porque me ha venido la inspiración, aunque sean las 2 de la mañana.

Existen también poesías de desamor, esas que escribes cuando te rompen el corazón, cuando la que creías que era tu amiga del alma te falla.

Hay poesías que curan el alma, que sanan, que te hacen ser mejor persona, otras que te rompen y te hunden.

Pero las mejores siempre serán las personales, esas que hablan en primera persona, por experiencia propia, sobre mi vida, mi familia, mis gustos, la generación, los sueños y sobre mi filosofía de vida.

Poesías que te reconstruyen la esencia y te hacen encontrarte a ti misma.

Las hay que riman, que van en estrofas y mis favoritas, las que no, esas que parecen más cartas que poesías, con su esencia de toda la vida.

Están las que curan, las que hacen mejor efecto que ir al psicólogo.

Poesías puras y dramáticas.

Poesías que se sienten aunque la protagonista no sea yo.

La poesía, con todas sus variantes, seguirá siendo la mejor locura que aquel 15 de Septiembre de 2020 se pudo cruzar en mi camino.

Te quiero, porque me hiciste quererme a mi, cuando sentía que la vida me abalanchaba.

Te quiero, porque no me juzgas, me entiendes, me comprendes y dejas que me exprese sin tapujos.

Te quiero, hoy y siempre, pero hoy, más que nunca y es por eso, que hasta te tatúe por el resto de mi vida en mi brazo.

Capítulo 20:
Querida ansiedad

Tú, que has cambiado mi forma de vivir,

tú que has cambiado mi forma de relacionarme con los demás, tú, que te metes en mi mente y no sales de ella.

Ansiedad, esa que no puedo ver pero si sentir, esa que me hace hablarle mal a las personas que amo y no se merecen eso.

Ansiedad, tú, que me quieres ver mal, hundida, sin ganas de comerme el mundo, durmiéndome a horas incoherentes con un único objetivo, que te vayas de mi vida, que me dejes en paz, que me dejes ser feliz.

Tú, que me has echo replantearme mil y una vez, si me quiere, cuando me lo demuestra diariamente, tú, que me has hecho llorar en los mejores momentos de mi vida y me has hecho agobiarme al verme rodeada de gente.

Querida ansiedad, solo te pido que me dejes ser feliz, comerme el mundo, querer a quien me quiere, disfrutar de los momentos que forman lo que soy, esos que en un futuro recordaré como el primer día.

Quiero volver a ser como era antes de conocerte,

Dormirme a las 9 de la tarde y levantarme a las 9 de la mañana, con ganas de aprovechar el día, haciendo todo con lo que siempre soñé.

Ahora te apoderas de mis días, de mis noches, no me dejas dormirme antes de las 3 de la mañana pero a las 8 ya vuelves a despertarme.

Quiero volver a salir con mis amigas, en espacios donde la multitud de personas invaden el silencio, pero tú no me dejas, enseguida me agobias, me haces tener que irme.

Querida ansiedad, quiero que te vayas, que me dejes salir de mi habitación, que me dejes experimentar cosas nuevas, sitios impresionantes, aún repletos de personas, brillar en tu ausencia y no con tu compañía.

Quiero volver a disfrutar de esas mañanas desayunando con mi familia mientras el sol invade mi cara, sin el agobio de la hora, sin miedos, sin prisas.

Quiero que me dejes volar, soltar, reír, vivir y sobre todo, alejarme de ti, que no me haces bien.

Querida ansiedad, me vas a perdonar pero... eres la peor mierda que ha podido llegar a cualquier vida, a cualquier persona.

Eres tú, la que me haces replantearme si merece la pena estar aquí y solo cuando te alejas un poco de mi, llego a la conclusión de que si, merece la pena cada jodido segundo de esta corta pero intensa vida.

Merece la pena cada amanecer, el levantarme a las 6 de la mañana solo para poder disfrutarlo.

Merece la pena cada risa que contagio a quien me importa.

Cada te quiero que me dice mi persona favorita.

Cada beso.

Merece la pena hasta cada lágrima que derramo.

Merece la pena cada discusión incluso con mi madre.

Merece la pena cada viaje, aunque sea el peor de mi vida.

Vale la pena seguir, para arriesgarse y poder cumplir tus sueños, esos con los que soñaste años enteros y que a veces, no te dejaban ni dormir.

Que todo sea por esos desayunos, esos bailes que salen del alma, esos conciertos que tanto disfrutas, esas mariposas en el estómago o esas charlas interminables contigo misma.

Querida ansiedad, te apoderaste de las mejores situaciones de mi vida, solo para que así fueran las peores y a mi corta edad, me dejaste sola, en mi habitación, aislada de todos y sin amigos.

Aunque sé que ya no te vas a ir, solo pido que me dejes disfrutar de la única vida que tengo, que me dejes soñar, imaginar y lograr, no me vas a apagar, eso ya te lo digo, porque aunque lo intentaste y por un momento lo creí, te gané.

Querida ansiedad, no me vas a arruinar.

Capítulo 21:
Nos quieren callar, no lo van a lograr

No podrán callarme,

Mi voz pide ser escuchada,

Aún en susurros,

Cuando nadie te escucha,

Cuando nadie se queda ahí,

Haciendo que mis palabras,

Sean gritos que salen del corazón.

Del corazón de quien siente, de quien ama, de quien cuida.

Quiero que mi voz se escuche,

Quiero hablar y gritar,

Nos quieren callar pero no lo van a lograr.

La vida ahora se basa en comparar,

Mirar quien critica más y quien tiene menos empatía y humanidad.

Mi voz es mi libertad y la defenderé, en cada palabra, hasta mi último aliento.

Mi voz se seguirá escuchando en cada esquina, en cada calle,

En esas canciones que se sienten, que se viven y que te recuerdan a los tiempos de antes.

Me recordarás en las canciones de Subze o Beret, en las poesías sentimentales y sin estrofas,

Me recordarás en cada corazón, en cada beso.

Mi voz será un eco a lo más profundo, a lo que nunca me atreví a decir.

Mi voz resonará fuerte y jamás se apagará.

Porque nos quieren callar pero déjame decirte, que aún cuando todos me critiquen, jamás lo van a lograr.

Capítulo 22:
Dejé de odiarme

Me gustaría escribir algún capítulo positivo, para poder sentirme un poco mejor conmigo misma pero he decidido escribir esto.

Me odié, en todas sus versiones, yo también he pasado por esto:

Odio mis brazos.

Odio mi barriga.

Odio mi sonrisa.

Odio mis manos.

Odio mis cicatrices.

Odio mis dientes.

Odio mi pelo.

Odio mis piernas.

Odio mis poesías.

Odio lo mucho que sobre pienso.

Y odio querer ser siempre perfecta.

En esta vida, queremos siempre la perfección, el cuerpo perfecto, la sonrisa ideal pero lo que no sabes es que eres perfecta, porque todos somos perfectos.

Todos tenemos alguna inseguridad y más en esta generación de influencers con vidas perfectas y cuerpos ideales, yo también las sigo teniendo.

Pero todas esas cosas que dices que "odias" también te hacen ser perfecta.

Imagínate que aburrido sería el mundo y la de discusiones que habría si todos tuviéramos la vida "perfecta", el abdomen de tus sueños o si a todos nos gustaran las mismas cosas, el mismo chico, el mismo libro…

Todas esas "imperfecciones" que según tú son horribles, son lo que te hacen ser única, brillar, porque nadie es como tú y eso es lo que te hace ser preciosa/o.

Capítulo 23:
Quiero

Quiero que te quieras, aún cuando nadie lo hace,

Porque solo así sabrás lo grandiosa que eres.

Quiero que hagas planes contigo misma,

Porque imagínate quedarte en tu casa,

En vez de ir al concierto de tu cantante favorito,

Por el simple hecho de que ir sola no te apetece.

Quiero que te mires al espejo y te reconozcas,

Te digas solo cosas que te hagan avanzar,

Que te digas diariamente lo mucho que vales,

Que beses cada parte de tu cuerpo.

Que no tengas miedo a arriesgarte,

A hacer eso que te hace feliz, aún cuando nadie te apoye,

Porque si tú lo haces, ya has ganado todo en la vida.

Quiero que te quieras, por favor.

Que no te arrepientas de nada, aún cuando algo te salga mal,

Porque en eso consiste la vida y todo pasa por algo.

Quiero que vayas a por todo y cuando lo consigas,

Te des el reconocimiento que te mereces,

Le des las gracias a esa que aunque a veces no creyera en ella misma,

Nunca se rindió y mira, lo consiguió.

Capítulo 24:
Palabras que salen del corazón

Me he puesto triste al verme rodeada de personas que si amaba,

He sido culpable de llantos y de alegrías,

He visto a mi persona favorita llorando por culpa mía

Y otra cosa no pero eso me dejó vacía.

Conseguí entender el significado que tienes en mi vida con el paso de los años,

Debo, como mínimo, tratar bien a mis seres queridos.

Aunque siempre te haga llorar y no te merezca,

Sé que devolveré todo lo que haces por mi cada día.

Me he vuelto distante y siempre sin quererlo,

He tirado a la basura los "te quiero" de todo el mundo,

Me he sentido insuficiente en una silla de colegio,

Necesito mil abrazos cuando me escucho a mi por dentro.

He sido muy distante, eso me mata la pena,

De saber que el tiempo perdido no podré nunca recuperarlo.

Lo sé, poca gente me quiere pero tengo lo que me merezco.

Me han hundido la vida al decirme "tú no puedes",

Con el paso de los años, una se lo cree.

He sido feliz cuando no quería serlo,

He reído cuando estaba rota por dentro

Y he llorado cuando quería reír.

He descubierto la felicidad, al mirar al cielo y saber que estás ahí, mirándome.

Cuantas lágrimas derramé al recordar que algún día no podré ver a quien amo,

Un nudo en la garganta, mi vida son recuerdos.

Muchos hablan de mi sin conocerme y los que me conocen se callan.

Trato de perseguir mis sueños y hasta hacerlos realidad no paro.

Intento ser fuerte a la vida pero soy sensible a la muerte,

Un amor de persona si sabes como tratarme,

Mil risas que jamás te faltarán.

Me he sentido distante y poco importante,

He sido más feliz sola que rodeada de gente.

Un segundo conmigo misma lo cambia todo para siempre.

Las voces de mi cabeza me recuerdan que si lo consigo yo,

Puede conseguirlo cualquiera.

Como cambia el mundo si lo miras desde fuera.

Me di cuenta que nadie está cuando si están los problemas,

Luego todos a pedir favores.

Solo me dicen "te quiero" el día de soplar las velas,

Muchas rayadas para 20 primaveras.

A veces aún me pregunto,

¿Y si la muerte es tan bonita que por eso nadie vuelve?

Haré las poesías que necesite para sanar mi corazón.

Tengo miedo a la persona que me mira del otro lado del espejo,

A veces aún es mi mayor enemiga.

Hoy hago todo lo que siempre dije que no haría de pequeña.

El tiempo pasa tan rápido que me olvido de visualizar los instantes del presente.

Poca gente está convencida de que voy a llegar alto,

si supieran la de noches que me arropaba la nostalgia,

Entenderían el porque de este libro,

El porque de mi obsesión con las poesías, mis sueños y el amor propio.

Dije si cuando quería decir no.

Escribo por mi, no por nadie.

Quiero salvarme a mi, no a nadie.

La historia de una vida que conocerán muy poco,

Los ojos de una niña que han perdido la razón,

Empapados de lágrimas.

Solo yo, sé el porque de esto, así que gracias, lo digo de corazón,

Por todas las personas que me han echo ser quien soy,

Nunca me sentí suficiente pues voy a hacerlo hoy.

Moraleja final de
"El mundo está en tus manos"

En esta vida en la que te juzgan hasta por como vas vestida, en este mundo en donde si no te gusta salir de fiesta, si no bebes o si con 18 años aún no has dado tu primer beso, ya no te aceptan en esta generación.

En este libro, intento transmitir lo que muchas veces sentimos, el miedo al fracaso y a no querer ni intentarlo.

En estas páginas, cuento lo que más me dolió de mi infancia, cosas que nunca pensé que compartiría con nadie y menos en un libro, que nunca sé quien lo puede leer pero precisamente por eso lo hago, para que entiendas mi dolor y el de tantas personas que aún sufren en silencio.

En esta vida estamos de paso, por eso, debemos hacer cosas de las que en un futuro nos podamos arrepentir de hacer, no de no hacer.

Evidentemente, escribir esto dolió, revivir esos momentos dolió, leerlo una y otra vez hizo que llorara de nuevo pero me siento afortunada, por poder contaros un pedacito de lo que fue, la peor época de mi vida.

Solo espero que este pedacito de mi alma que tantas veces he soñado con sacar y tanto me ha costado, os llegue a lo más profundo, que os haga reflexionar, que os cayera alguna lágrima, porque solo así se, que de verdad os ha llegado y lo que escribí durante tanto tiempo, mereció la pena.

Por mi Instagram, niferletters, estaré agradecida de leeros si decidís escribirme, de ser vuestro lugar seguro, de hablar contigo, para que me cuentes aquello que necesitas soltar pero no sabes como, intentaré ayudarte de la mejor forma posible, desde mi propia experiencia, además de seguir compartiendo cada día mis poesías, y sobre todo, me muero de amor si subes una foto sujetando mi libro porque, es mi sueño, aquello con lo que le rompí la cabeza años enteros, a la gente que me rodea.

Sin más que añadir , me despido, espero que estéis súper bien, que si en algún momento de tu vida has sufrido, sobre todo si ha sido en silencio, deseo que como yo, hayas entendido el significado de la vida, del amor propio y de que solo se vive 4 días como para desaprovecharlos.

Nadie merece tu dolor.

Todo pasa por algo y nadie se muere por amor…

FIRMADO: NIFERLETTERS

AGRADECIMIENTOS:

Gracias a mis padres, Margarita y Manuel, por darme los mejores consejos, por confiar en mi desde siempre y para siempre, cuando ni yo podía, por apoyarme en todas mis locuras. Este bendito sueño, sin vosotros no sería posible.

Gracias a mis hermanos, María, Esteban y Paula, porque aunque haya discusiones, malos entendidos e incluso a veces nos odiemos, siempre tendréis a alguien que jamás os fallará, por ser vosotros mi pilar fundamental, os quiero con mi alma.

Gracias a mi editorial Círculo Rojo, por hacerme cumplir uno de los mayores sueños de mi vida, por creer en mi y por el trato tan especial con el que me tratasteis siempre.

Gracias Andrea Parada, a ti, que te conocí sin querer y te quiero sin creer, a ti que me apoyaste a luchar y sacar este sueño adelante, por ese ánimo que me diste cuando ni yo los tenía, llegarás muy lejos en tu futuro como escritora y yo estaré agradecida de estar a tu lado en ese proceso.

A quienes no creyeron en mi, hoy les firmo mi libro, quienes me hicieron bullying e hicieron que hasta me odiara a mi misma, gracias a vosotros he podido sacar este libro adelante, con el objetivo de no sentirme sola.

Gracias a mis profes, los que me ayudaron a entenderme, aprobar, seguir escribiendo y ser mejor persona cada día, los de la infancia, por ponerme un libro en las manos y un recuerdo en el corazón, a mis profes de primaria, los que si me ayudaron, los que me apoyaron y los que lucharon para que yo me comiera el mundo, aquellos que aún me ven con los mismo ojos que en aquel entonces, a esos que si me alegro de cruzarme con ellos por la calle y a mis profes de la adolescencia, esos que pusieron un antes y un después de lo que fui a lo que soy, los que me enseñaron que triunfa más un buen corazón que un 10 en un examen, quienes confiaron en que algún día lo lograría, gracias.

A mis abuelos, los que hicieron este camino antes para que yo, que vengo detrás, aprenda de ellos.

A mi abuela Rosa, quien me enseñó a tirar para adelante, quien forjó lo que soy, lo que fui y lo que seré, la que jugaba conmigo a conductora de autobús y me dejaba las llaves de su casa para que ella viniese detrás y tener que abrirle, de mayor me gustaría ser como tú.

A Subze, que aunque nunca me vayas a leer, fuiste mi inspiración para esto, sin ti no hubiese descubierto la poesía. Tú, que me has inspirado y salvado con tus canciones, tus poesías, tus abrazos, tus conciertos y tus palabras, por darme esa paz que necesitaba, gracias.

A todos los que aún estáis por llegar, formaréis parte de mi mente, mis locuras, mis poesías y aventuras.

A mi hermana de otra madre, Noelia, quien me acompañó desde la escuela infantil, porque ni la distancia podrá separar lo que la vida unió aquel día.

A Zaira, esa amiga que conocí ya hace una década y aquí sigue, frente viento y marea.

A vosotras, Carla y Candela, que me acompañasteis en un momento difícil y siempre me tendisteis vuestro brazo, sin vosotras, mi experiencia en el grado medio habría sido peor, os quiero y espero que os haya gustado mi primer libro.

A ti, Arantxa, que aunque llevemos años ya sin vernos, fuiste muy importante para mi cuando sentía que me perdía, en aquella época, que ya no sanaría, fuiste esa motivación que necesitaba.

A los que un día me tuvieron en su vida y me perdieron, porque no supieron valorarme.

A mi yo del futuro, que sé que te sentirás orgullosa leyendo este libro y alguna lágrima se te caerá.

A mi yo del pasado, por no escucharte, por infravalorarte, por las veces que sufriste en silencio, por las veces en donde pensabas que todo pesaba más y que te ibas, fuiste tan valiente y solo tú lo sabes.

A mis hijos del futuro, quienes me harán madurar y entender cosas que a día de hoy soy incapaz.

Y sobre todo, ya por último, gracias a la poesía, porque sin ella yo no estaría aquí, plasmando todo lo que siento y sentí en algún momento de la vida.

Nos vemos muy pronto, de la mejor forma posible.

Índice